DE LA PROPOSITION

DE

M. LE MARQUIS BARTHÉLEMY.

DE LA PROPOSITION

DE

M. LE MARQUIS BARTHÉLEMY

ET

DE LA LOI DES ÉLECTIONS.

Par Charles LOYSON.

A PARIS,

Chez Pélicier et Delaunay, libraires,
au Palais-Royal.

1819.

AVERTISSEMENT.

L'ABÎME APPELLE L'ABÎME, l'esprit de
parti éveille l'esprit de parti. Déjà la
proposition qui s'est élevée il y a peu
de jours dans la Chambre des Pairs,
est devenue une proie sur laquelle les
passions se jettent avec fureur. Je tâ-
cherai d'en dire mon sentiment, sans
prévention et sans partialité.

Ceux qui crient que la liberté est en
péril ne le croient pas. Ils savent bien
que la liberté est désormais plus forte
que tout ce qui tenterait de la détruire :
j'en excepte toutefois la licence. Ceux
qui prétendent qu'il ne s'est répandu
aucune inquiétude dans le public, se

trompent ou veulent tromper. Ils devraient savoir que la loi des élections a , comme toutes les lois dictées par le même esprit , encouru hautement la réprobation irrévocable d'un parti. La proposition du noble pair vient-elle de ce parti? Je suis loin de l'affirmer ; mais il est naturel de le craindre , et voilà les alarmes fondées. Il n'en faut pas davantage pour la rendre dangereuse.

Il s'agit bien de décider s'il peut être utile de faire quelques réformes aux dispositions réglémentaires de la loi ! Qu'un projet émané du trône eût proposé ces réformes , en les énonçant avec précision , tous les amis de l'ordre et de la liberté se seraient empressés d'apporter leur suffrage. Mais lorsqu'une proposition vague , dans des circonstances suspectes , demande un nouvel examen de cette loi, on croit la loi menacée dans ses principes essentiels ; on va plus loin, on croit menacées en elle toutes les institutions qui reposent sur les mêmes fondemens. Cette persuasion est-elle juste? Encore un coup, ce n'est par là le point important. C'est assez qu'elle existe pour qu'il y ait péril.

Voici donc ce que je pense et ce que je veux tenter de prouver dans cet écrit. C'est un malheur pour la Chambre des Pairs que la proposition y ait été adoptée ; ce serait un malheur pour la Chambre des Députés qu'elle n'y fût pas rejetée à une majorité considérable ; ce serait, pour la France entière, un malheur bien plus grand encore, que le Gouvernement ne persistât pas dans l'intention qu'il a fait voir de n'y jamais condescendre, quoi qu'il puisse arriver.

(viij)

Quant à l'orateur qui a jeté involon-
tairement sans doute ce point de dis-
corde au milieu de nous, je m'empresse
de lui rendre le témoignage qu'il s'est
rendu à lui-même, et qui a été si hono-
rablement confirmé par son noble ami,
M. le marquis de Marbois, juge irré-
cusable en matière de patriotisme.

DE LA PROPOSITION

DE

M. LE MARQUIS BARTHÉLEMY.

LORSQUE, dernièrement, un respectable membre de la Chambre des Pairs prit la parole au milieu de ses nobles collègues, pour les engager à demander au Roi et à la législature la réforme d'une loi que la France considère comme un des plus fermes appuis de la liberté, à cette étrange invitation, que le nom et le caractère de l'orateur rendaient encore plus inopinée, une juste inquiétude devança presque l'étonnement dans le cœur de tous les amis de la monarchie constitutionnelle. Un ministre se leva aussitôt pour déclarer qu'il regardait cette proposition comme la plus funeste qui pût sortir de l'enceinte de la Chambre; plusieurs membres, accoutumés à soutenir la cause de la royauté et les intérêts de la nation, s'opposèrent éloquemment à ce qu'elle fût jugée digne d'une première marque d'attention de la part de l'assemblée. Mais l'inutilité de leur résistance fit appréhender dès-lors qu'il n'y eût déjà plus lieu à délibérer sur ce grand intérêt ; bientôt la promptitude d'un succès définitif confirma cette opinion, et la confiance publique fut troublée, le crédit chancela, l'inquiétude s'accrut et s'étendit par le vague même et l'incertitude de ses motifs.

Singulière destinée de la France! Les apparences du calme ne peuvent s'y montrer un moment, qu'aussitôt un nouvel incident ne vienne à l'improviste ramener la crainte ou le pressentiment des orages! Du moins assez de mains ennemies travaillent presque ouvertement à rassembler dans notre avenir de sinistres nuages, pour que les bons citoyens soient dispensés, ce semble, de leur prêter un imprudent secours!

L'occasion n'a point été perdue pour le génie malfaisant qui s'applique sans cesse à détourner la France de l'ordre et du repos où elle aspire à rentrer. Des hommes dont rien ne peut éclairer la conscience abusée par une fatale erreur, ou d'autres qui, bien que désabusés, ont pris le parti d'entraîner, s'ils le peuvent, l'État tout entier dans la ruine des intérêts que la monarchie a justement

abandonnés , se présentent déjà sur ce nouveau champ de bataille , où la victoire ne
saurait être pour eux. Cependant une faction
moins nombreuse encore, mais plus redoutable, parce que toutes les fautes se commettent
à son profit, fait le péril en l'annonçant, et va
semant avec affectation l'effroi sur les sui-
tes d'une imprudence dont elle s'applaudit en
secret. Pleins de confiance dans la haute sagesse et l'inébranlable fermeté du Roi, nous
ne redoutons aucun danger; mais nous savons que s'il y avait lieu de craindre, ce ne
serait pas pour nos libertés nationales.

Quel a été le premier fruit de la proposition du noble pair ? une proposition non
moins méséante dans la Chambre des Députés. Si c'est ainsi qu'on entend le droit
de présenter des suppliques et des adresses
au Roi , je ne vois plus de raison pour que
l'auguste prérogative du Monarque ne soit
pas sans cesse témérairement balottée entre
des sollicitations contraires. Rendons grâces
à notre assemblée des députés , dont la sage
décision a su consacrer les principes de la
liberté , et maintenir le respect dû à la
couronne.

Toutefois nous concevons ces feintes alarmes dans un parti qui brigue la popularité.

La multitude s'y laisse tromper aisément. Mais qui nous expliquera du côté opposé cette présomptueuse, ou plutôt cette fausse confiance? Qui nous expliquera en quelques chefs cette obstination à rester ou à paraître dans un si étrange aveuglement? « Nous sommes, » dites-vous, les plus forts, les plus habiles, » les plus nombreux. » C'était même langage quelques jours avant l'époque à jamais fatale du vingt mars. « Le Gouvernement est » fort, disait-on, il est très-fort : voyez sa » sécurité; la conspiration est à découvert » sur les places publiques, et le Gouverne- » ment n'en appréhende rien. » L'événement montra bientôt que si le fait était véritable, le raisonnement n'était pas juste.

Vous êtes les plus nombreux. On dirait en effet que votre nombre vous embarrasse, tant vous prenez soin de le restreindre chaque jour; eh! pourquoi donc redoutez-vous si fort une loi qui, après tout, ne peut être défectueuse à vos yeux que comme trop favorable au grand nombre? Vous êtes les plus habiles? Le dire en est-il une bonne marque? Mais au moins la force est pour vous? Quelle est cette force? Où est-elle? En vous? Nous n'avons pu l'y voir encore jusqu'ici. Dans le Gouvernement? Vous attaquez le Gouverne-

ment. Dans la nation? Vous affectez de répu-
dier la nation. Montrez-nous-la donc enfin
cette puissance invisible, sur la foi de laquelle
vous allez tenter l'événement d'un combat
décisif, ou plutôt ne vous dépouillez pas
vous-même de la seule que vous ait en effet
laissée la révolution, le respect dû à vos
malheurs, et un dévouement désintéressé à
la dynastie légitime, dans le nouvel ordre
politique que le temps a établi.

Lorsqu'on demandait à Pompée où étaient
ses ressources pour soutenir la guerre contre
son redoutable rival, il répondait avec assurance : « Je n'ai qu'à frapper la terre du
» pied, et il en sortira sur-le-champ des
» armées. » Cette vaine confiance en imposait
à quelques anciens compagnons du vieux
général, encore prosternés devant le souvenir
de sa gloire passée. Mais Cicéron ne croyait
point aux armées qui sortent de terre; il
voyait de loin arriver César et ses légions;
terrible réalité contre des espérances fondées
sur des souvenirs; car tout l'éloge de Pompée
se renfermait alors dans ce mot d'un poëte :
Stat magni nominis umbra. Chez nous la nation est plus forte, et surtout a meilleur
droit que les légions de César, et les idées

qu'on tenterait de faire prévaloir contre elle ne sont pas même des ombres debout.

Il n'y a véritablement point de force hors de la force publique, et la suprême sagesse du Roi est de s'en saisir, pour empêcher qu'elle ne s'égare et ne se donne à ceux qui ne demandent pas mieux que d'en abuser. Honnêtes gens de tous les partis, c'est au milieu de la nation qu'est notre poste et notre asile ; c'est là seulement que le trône peut nous protéger et s'affermir en nous protégeant. Empressons-nous donc de nous y rendre et de nous y fixer, et respectons les institutions nationales ; car les institutions nationales sont aujourd'hui les seules monarchiques. C'est à ce double titre que mérite d'être défendue la loi des élections, et c'est également pour le salut du prince et du peuple qu'elle sortira triomphante du combat où elle est malheureusement engagée.

Si les mêmes changemens qui s'opèrent insensiblement dans les mœurs et les lumières des nations, s'opéraient à mesure dans leurs polices et dans leurs lois, les institutions répondant toujours aux besoins, il n'y aurait jamais de révolutions, ou plutôt il y aurait une révolution perpétuelle et imperceptible, laquelle ne laisserait point de place pour les grands bouleversemens qui renouvellent à certaines époques la face des États. Mais les choses ne vont pas ainsi : la société avance toujours, tandis que les établissemens politiques restent en arrière. Lors donc que les mœurs et les lois ont cessé de se convenir, la nature même exige qu'elles se remettent d'accord. Elles pourraient le faire par un traité à l'amiable ; mais telle est la destinée des choses humaines : on commence toujours par un combat ce qui ne peut finir que par un traité. La guerre s'élève donc : la justice de la fin disparaît sous la violence des moyens. Les passions soulevées corrompent le bon droit ; et lors même que le désordre a cessé, ce qui s'est établi de légitime sous son règne, paraît encore long-temps à des yeux prévenus, souillé d'une tache originelle. Mais la raison vient enfin faire briller son flambeau, et montrer la justice dans la vérité. Un nouvel ordre a pris irrévocablement la place de l'ancien, et ceux-là seuls sont révolutionnaires qui veulent détruire cet ouvrage de la révolution, soit qu'ils l'attaquent ouvertement dans son entier, soit qu'ils l'ébranlent avec plus d'art dans quelqu'un de ses appuis essentiels.

Si nous savons être sages, cette lutte terrible entre le passé et le présent vient de finir pour la France. La Charte est l'acte authentique de leur réconciliation ; heureux contrat, qui nous laisse un avantage rare après vingt ans de révolutions , celui de conserver notre antique dynastie avec toutes les institutions de nos pères , qui peuvent s'approprier à notre état actuel. Mais il faut comprendre cette salutaire transaction , il faut en connaître l'esprit et la portée, si l'on ne veut la rendre vaine et même funeste ; car mieux vaudrait encore la rejeter ouvertement et continuer le combat , que de la recevoir comme un traité frauduleux , comme le gage trompeur et passager d'une paix hypocrite. De tous les dangers qui nous menaceraient, celui-là serait le pire , parce que, détruisant entièrement la confiance entre les partis, il ne laisserait plus lieu à aucun retour, et ferait naître une guerre d'extermination. Quelle imprudence donc, quelle imprudence de rendre ses dispositions suspectes envers la Charte, en rejetant les conséquences les plus essentielles de la Charte! Que peut dans une telle occurrence , que doit penser la nation, sollicitée d'ailleurs à l'inquiétude par tant d'intérêts, et, s'il faut le dire, par tant d'artifices secrets, déguisés sous le voile d'un faux amour de liberté?

Il serait inutile de se le dissimuler : la Charte et la loi des élections sont intimement liées, sont inséparables dans l'opinion publique, et ce n'est pas sans raison ; car l'une n'est en effet que l'accomplissement de l'autre. La Charte entend que la nation ait dans les affaires de l'État toute la part que ses droits, c'est-à-dire, la raison et l'intérêt public lui assignent, et elle prend soin de régler aussitôt cette part de la manière la plus convenable pour la sûreté du peuple et pour la force légitime du pouvoir. Qu'on y fasse l'attention la plus légère, et l'on se convaincra que la loi des élections n'est qu'une explication presque littérale de cette disposition constitutionnelle.

La société se compose de trois classes. La première, que sa richesse, son instruction et son loisir distinguent des deux autres, a tout ce qu'il faut pour entendre les affaires, et prendre dans le Gouvernement la part que la société toute entière ne peut y prendre elle-même. Du reste, son propre intérêt répond assez de son amour de l'ordre et de la stabilité : seulement il serait à craindre que sa prépondérance naturelle, accrue de cette influence politique, ne finît par devenir fatale à la liberté des classes inférieures.

A l'extrémité contraire se trouve une multitude nombreuse, sans propriété et sans instruction, vivant du travail de ses mains ou du produit de son industrie, dans les dernières professions ou les derniers degrés du commerce. Cette multitude, respectable sans doute, comme portion civile de l'État, n'offre cependant point assez de garantie par sa fortune, par son éducation ni par ses mœurs, pour être admise à en faire une portion politique. Elle n'a véritablement droit qu'à la protection du Gouvernement, à la justice et à la liberté.

Une partie moyenne du corps social remplit l'intervalle entre ces deux termes opposés. Attachée comme la première au maintien de l'ordre par ses propriétés ou par des intérêts équivalens à la propriété, la modicité des fortunes, la communauté des droits, toutes les relations et toutes les habitudes de la vie la rapprochent de la seconde. Aisée sans être riche, éclairée par le reflet de la civilisation, sans en posséder toutes les lumières, cette classe n'est point faite pour se mêler du Gouvernement, ni pour être admise dans les assemblées où s'agitent les questions

d'utilité générale ; mais incapable de contri-
buer à la conduite des affaires, elle est douée
d'un instinct sûr pour juger si les affaires sont
bien conduites, parce qu'elle est placée de
manière à ressentir immédiatement l'effet de
toutes les mesures avantageuses ou funestes.
Cette capacité lui donne un droit; ce droit
doit avoir une expression politique; cette
expression est l'élection, moyen général d'é-
noncer un jugement qui ne peut être que général, mais moyen propre à influer sur les
détails des affaires, de même sorte que le
jugement résulte de l'impression causée par
ces détails. Les membres de cette classe sont
donc naturellement électeurs, et témoignent
leur opinion au Gouvernement par le choix
des députés qu'ils lui envoient. Tel est leur
droit légitime déterminé par leur capacité politique. Et, qu'on le remarque ici, ce droit,
en assurant leurs autres droits, assure aussi
ceux de la classe inférieure.

Voilà les principes simples et salutaires
de la représentation, ou, pour parler plus
juste, de la délégation nationale, principes
appliqués rigoureusement par notre loi des
élections, qui prend les députés parmi ceux
dont la fortune peut fournir mille francs
d'impôt au Gouvernement, et admet au rang

d'électeur quiconque, à raison de sa propriété, de son industrie ou de son négoce,
est taxé à trois cents francs.

Quels sont donc les vices qu'on reproche
à cette loi ?

Je ne puis mieux faire que de citer les
propres paroles du noble pair qui a donné le
signal d'un si fâcheux débat.

« Nous remarquerons encore un inconvé-
» nient notoire, résultat de la manière dont on
» explique l'article de la Charte, qui confère
» les droits d'électeur à tout citoyen payant
» 3co fr. de contribution directe. Dans l'inten-
» tion très-louable, sans doute, d'encoura-
» ger le commerce et l'industrie, on assimile
» les patentes à la contribution foncière ;
» mais cette extension, déjà si libérale, est
» devenue la source des abus les plus cho-
» quans par la forme de la perception de
» cette taxe. Comme elle se fait par 12e et
» que l'on n'exige pas un espace de temps
» déterminé pour acquérir par cette voie les
» droits politiques, il s'ensuit qu'un indi-
» vidu peut, avec 25 fr., une fois payés,
» *voter légalement* dans une assemblée élec-
» torale française. Dira-t-on que, par l'ad-
» mission de cette contribution dérisoire, il
» n'y a pas une violation manifeste, je ne

» dis pas seulement de l'esprit, mais du texte
» de la Charte; et dès-lors n'est-il pas ur-
» gent de réformer sur ce point la loi qui
» ne l'a pas prévue ?

» J'ajouterai ici, Messieurs, une considé-
» ration grave ; c'est que cette introduction
» illégitime dans le corps électoral d'hom-
» mes sans fortune, et que l'intrigue ou la
» corruption peut y amener, est une véri-
» table injustice envers les propriétaires dont
» elle usurpe les droits. Or, dans tous les
» temps, comme dans tous les pays, les pos-
» sesseurs des maisons et des terres, les pro-
» priétaires sont la force réelle des nations.
» Ce sont eux qui sont les gardiens des mœurs
» et des institutions : aussi en leur confiant
» les droits politiques, les législateurs n'ont
» point cru blesser la justice naturelle, parce
» que la civilisation rend la propriété tou-
» jours accessible aux efforts persévérans de
» l'homme industrieux, et qu'elle est la ré-
» compense assurée du travail et de l'éco-
» nomie. »

Voilà donc un des principaux griefs. Les
patentes se payant par douzième, il suffit
qu'un individu ait payé une seule fois la
somme de 25 francs, pour avoir droit de
voter aux élections. Donc il faut réfor-

mer la loi. Mauvaise conséquence. Donc il faut exécuter la loi ; car il est évident que si elle exige une patente de 300 francs, elle suppose en même temps que l'on prendra les moyens de s'assurer que cette patente se paie en effet, et représente un commerce, une profession réellement exercée par l'individu qui la paie. Nul doute donc que ce ne soit pour l'administration un droit et même un devoir de demander les quittances de l'année entière. En Angleterre, il faut toujours prouver un temps raisonnable de possession pour faire usage d'un titre à quelque fonction politique.

Après avoir répondu à cette objection, je crois en retrouver dans les lignes suivantes une nouvelle, à laquelle je pensais que nous n'avions plus lieu de nous attendre. De bonne foi, qu'entend l'orateur par *cette introduction illégitime d'hommes sans fortune dans le corps électoral ?* Si ces termes équivoques ne désignent que les patentes frauduleuses, cette considération dont en relève la gravité, n'est-elle pas superflue après ce qui venait d'être dit ? S'ils s'appliquent aux patentes en général, comme paraît le déclarer assez l'affectation avec laquelle le noble pair insiste sur le tort causé *aux propriétaires,*

*aux possesseurs de terres et de maisons,
qui sont la force réelle des nations, etc.,*
peut-on bien mettre encore en avant une
apparence de respect pour les principes de
la loi? Quoi! lorsque cette loi règle les avantages politiques qu'elle accorde sur les garan-
ties données à l'État par la fortune des citoyens, les fortunes fondées sur le commerce
et l'industrie seront jugées indignes d'entrer
pour la vingtième ou trentième part environ
en communauté de ces avantages? L'industrie ne pourra pas être considérée comme nue
propriété, le commerce ne pourra pas être
appelé un domaine, qui attachent le citoyen
au pays et lient ses intérêts avec les intérêts
publics ? et ce sera à tort qu'une pareille
doctrine, professée à la tribune de notre première assemblée législative, excitera des in-
quiétudes et répandra des alarmes?

L'orateur impute à la loi un autre vice,
qui paraît grave au premier coup d'œil ;
*c'est qu'il est constant, dit-il, que sur la
masse des électeurs, environ un tiers n'a
point pris part aux dernières élections.* Ad-
mettons le fait pour avéré, et retranchant
sur ce tiers les vieillards, les malades, les
infirmes, les indifférens qui ne voteront jamais, quel que soit le lieu de l'assemblée, et

ceux enfin que des motifs trop connus ont écartés cette fois, demandons combien, après cela, il restera d'absences à mettre sur le compte de la loi? En vérité, un si léger inconvénient contre-balancera-t-il l'avantage d'une réunion qui éloigne les électeurs des intérêts locaux, et les rapproche des premières autorités administratives, judiciaires, religieuses des départemens, et, pour employer un argument qu'on ne désavouera pas, les place sous l'influence directe d'une aristocratie légitime?

Mais à quoi bon suivre pas à pas un discours qui, après tout, n'offre aucun caractère? La proposition seule est officielle, et la proposition attaque ou laisse la liberté d'attaquer toute la loi; et peut-on se cacher, en effet, que c'est à la loi elle-même qu'o n en veut? Depuis long-temps déjà se préparait l'assaut qu'elle soutient aujourd'hui. Depuis long-temps on affectait de la représenter comme dangereuse à la monarchie et favorable à la démocratie. La loi des élections démocratique! Est-ce de bonne foi qu'on lui fait un pareil reproche? Quelle démocratie que celle qui se compose d'une élite de cent mille citoyens, dans un royaume de vingt-cinq millions d'habitans!

Voici une autre raison qu'on allègue plus

secrètement,

secrètement, et pour ainsi dire à voix basse.
« La classe moyenne en France, composée
» en grande partie d'ennemis de l'ordre de
» choses actuel, est dans un état d'hosti-
» lité envers le Gouvernement légitime. »
Imprudente calomnie, qui serait en même
temps pour la monarchie et la nation la
sentence la plus terrible! Ne déguisons rien;
cette classe a des intérêts nés en grande partie au milieu de la révolution, et qu'elle est
résolue de défendre à quelque prix que ce
soit, contre toutes les attaques inconstitu-
tionnelles; cette classe ne sacrifierait, par
aucune considération, rien de ce que la
Charte lui a garanti; cette classe, enfin, a besoin de n'être point inquiétée par des pré-
tentions qui paraissent tous les jours vouloir
remettre en question des points décidés dou-
blement et par le fait et par les lois; mais,
loin de songer à exciter encore de nouvelles
révolutions, dans lesquelles elle aurait tout à
perdre et rien à gagner, c'est elle qui, par
son invincible immobilité, enchaînera l'ambition de la classe supérieure et la turbulence
de la dernière classe : contente de n'être ni
foulée aux pieds par l'une, ni bouleversée
par l'autre, elle aime, elle respecte, elle in-
voque le pouvoir légitime qui fait sa sécurité

et dont elle fait la force. Mais, je le répète, c'est là, en effet, qu'on trouvera la plus vive et la plus insurmontable résistance à toutes les entreprises contre la constitution.

Étrange contradiction de l'esprit de parti ! Les mêmes hommes qui accusent la loi des élections de favoriser la démocratie, consentiraient volontiers, dans l'impuissance d'en faire remonter l'avantage et de le restreindre, à le faire descendre et à le communiquer à un plus grand nombre : c'est-à-dire que, désespérant d'établir l'oligarchie, ils en appelleraient volontiers à la démocratie, car c'est entre les deux qu'est l'aristocratie véritable. Je ne sais si leur pensée ne les abuse pas, mais on en pénètre aisément le fond. Ils estiment, non sans vraisemblance, qu'ils trouveraient plus de facilité à disposer des voix d'une multitude que sa situation rend plus dépendante et plus sujette à tous les genres de séduction. Ainsi seraient consacrées par la loi la corruption et la servilité !

Non, non, il est une autre sorte d'influence plus légitime et plus digne d'exciter l'ambition des bons citoyens : c'est celle dont la confiance est le principe ; celle-là seule fait la véritable force de l'aristocratie, ou plutôt celle-là seule constitue l'aristocratie même ; car, que l'on ne s'y trompe point, ce mot d'aristocratie ne signifie pas une classe ni une caste particulière , mais l'ascendant même de ceux que leur fortune élève aux premiers rangs de la société. L'aristocratie n'est pas un établissement politique ; c'est, si l'on peut parler ainsi, un fait social ; on ne la crée pas , on la trouve, ou plutôt elle se montre, quand elle existe. Le Roi qui peut donner à la noblesse autant de membres qu'il le juge à propos, n'en saurait, malgré toute sa puissance, donner un seul à l'aristocratie. C'est que, comme je viens de le dire, la confiance et le crédit en sont des élémens indispensables, sans qui tous les avantages réunis des richesses et du rang ne sauraient parvenir à exercer le moindre pouvoir sur une opinion publique en défiance. L'aristocratie ne sera plus dans la largeur d'un ruban, dans la brodure d'un habit, dans la forme ou la couleur d'une chaussure ; mais elle sera dans des relations positives entre les grands et les petits, dans une réciprocité de services et de reconnaissance, de protection et de dévouement, dans un rapport de patronage et de clientèle. Les Romains auraient ri d'un sénatus-consulte qui eût mis un de leurs citoyens au nombre des *Optimates* ;

2.

mais ils donnaient leurs suffrages à celui qui payait leurs dettes, réglait leurs affaires ou plaidait leurs causes au Forum, et le plébéien Cicéron fut un de leurs premiers aristocrates.

Vous donc qui prétendez parmi nous à cette distinction honorable et tutélaire, apprenez qu'elle en est la source, et avec qui vous aurez à la partager. Commencez par être citoyens au milieu de vos citoyens, attachez-vous sans restriction à ces institutions dans lesquelles le pays met tout son bonheur et toutes ses espérances ; en un mot, montrez-vous avant tout Français au même titre que le dernier habitant de la France. C'est alors que les avantages naturels de votre situation reprendront leur place ; c'est alors qu'on vous tiendra compte de la fortune, du rang, du crédit, du nom même et de l'honneur des généalogies. Doit-on douter qu'un Montmorenci, qu'un la Rochefoucaut, vraiment constitutionnels, ne soient de préférence les élus de la nation ? Mais je ne puis trop le répéter, si vous desirez jouir de cette prépondérance aristocratique, sachez à quel prix elle s'obtient, et avec qui vous devez la posséder en commun. N'oubliez pas que c'est un bien dont l'opinion dispose, et craignez d'en perdre votre part légitime, en cherchant à vous l'approprier toute entière; pénétrez-vous surtout d'un vérité importante : c'est que rien aujourd'hui ne serait plus contraire à l'aristocratie que les priviléges, parce que les priviléges sont l'objet de l'antipathie nationale.

Revenons maintenant à la loi des élections. Quel homme de bon sens ne conviendra pas que la classe dans laquelle cette loi renferme le droit de suffrages , est précisément celle qui offrira le plus de prise à l'influence de l'aristocratie bien entendue, et telle que nous venons de l'expliquer? Quant à ceux qui veulent une aristocratie différente , on ne peut que leur dire qu'ils ont raison de réprouver ce milieu de la nation , où ils ne trouveront certainement pas ce qu'ils cherchent : mais on doit ajouter que , comme en définitif l'aristocratie dépend de l'opinion, ils courent risque, s'ils s'écartent du centre où réside l'opinion , de ne poursuivre qu'une vaine chimère. Les vieux abus dans les Etats ressemblent assez bien à ces bulles de savon qu'on enfle au bout d'un chalumeau : lorsque leur volume est devenu trop considérable et hors de proportion avec l'extrémité du tube qui les soutient, elles éclatent et se dissipent dans l'air, sans laisser ni débris ni vestiges.

Mais, affecte-t-on de répéter, si c'est à l'é-
preuve qu'on juge de la bonté d'une loi, celle
dont il s'agit n'est-elle pas assez condamnée
par les effets qu'elle a produits ? A cette objection je pourrais, avec quelque apparence
de raison, répondre comme beaucoup d'autres : quels sont donc, après tout, ces tristes
effets tant reprochés ? La sédition est-elle
entrée dans la Chambre des Députés avec
ses nouveaux membres ? La monarchie a-t-
elle été attaquée, ou seulement menacée ?
A-t-on fait voir même quelque disposition à
contrarier l'administration du Roi ? Mais j'ai
trop de franchise pour recourir à cette dé-
fense, et mon sentiment particulier est que,
dans le vrai, les dernières élections ont fait
éclater en plusieurs endroits du royaume,
un fâcheux esprit de mécontentement et de
défiance contre le Gouvernement. Seulement
je ne consens pas à la conclusion qu'on prétend
tirer de ce fait malheureusement trop indu-
bitable.

Il faut révéler ici une vérité nouvelle, et
difficile à comprendre pour bien des per-
sonnes : c'est que toutes ces formes sous
lesquelles le Gouvernement constitutionnel
se montre à nos yeux, ces réunions de citoyens dans les colléges électoraux, ces suf-

frages, ces élections, ces assemblées législatives siégeant dans la capitale, et délibérant sur les projets que leur présente le monarque; enfin, tout cet appareil d'un ordre politique inconnu à l'ancienne France, n'est point une vaine représentation, et comme une scène théâtrale derrière laquelle l'administration de l'État, cachée aux regards du public, suivrait ses anciennes règles et obéirait aux mouvemens de ses anciens ressorts. Nos institutions sont une chose vraie et sérieuse. Il faut de toute nécessité s'accoutumer à les prendre sur ce pied, à ne les juger qu'après avoir comparé leurs résultats avec la fin qu'elles doivent se proposer. Or, s'était-on attendu qu'une bonne loi des élections n'enverrait jamais au Gouvernement que des députés qui lui fussent agréables ? A ce compte il serait plus simple de lui en laisser le choix à lui-même. C'est à peu près comme si on exigeait que les membres des deux Chambres fussent autant d'orateurs destinés seulement à développer les motifs de ses propositions législatives, et à en faire d'officieux commentaires au public. Les électeurs prennent leurs intérêts pour règles de leurs suffrages. S'ils estiment que la conduite du Gouvernement contrarie leurs intérêts, ils choisissent les députés qu'ils croient disposés à contrarier la conduite du Gouvernement. L'élection est aussi une tribune d'où la voix de la nation monte vers le trône. Une députation qui vient renforcer l'opposition, est une plainte ou une remontrance respectueuse : le mécontentement, il est vrai, peut être mal fondé, mais il importe de l'examiner, et ceux qui gouvernent doivent s'estimer heureux qu'il y ait un organe constitutionnel pour leur en apporter la libre expression. Condamné à se taire, il serait à craindre qu'il n'éclatât d'une manière plus funeste. Prononçons donc d'après ce principe sur nos dernières élections, et voyons s'il ne faut point chercher dans le Gouvernement les causes d'un mal attribué aux vices de la loi.

Ici je touche à une matière délicate, et sur laquelle l'intérêt seul de la vérité et du bien public peut me décider à dire ma pensée. Je voudrais ne point déplaire, mais on verra aussi que je ne chercherai point à plaire ; et d'ailleurs, grâce au mauvais génie de la France, nous en sommes à un point où la franchise et la raison ne seront plus taxées, que je croie, de complaisance pour personne. Je sens que je vais offenser les partis ; mais j'éprouve, je l'avoue, quelque plaisir à me commettre avec eux, au moment même où, sur le point d'en venir aux mains, ils se flattent déjà de la victoire avec une égale assurance.

J'aime d'abord à rendre une justice publique au dernier ministère : que ses intentions généreuses soient méconnues ou calomniées par la prévention, l'on se souviendra un jour, lorsque le nuage élevé par le malheur des circonstances se sera dissipé, on se souviendra que c'est à lui que la France doit, avec l'ordonnance du 5 septembre, cette loi des élections attaquée aujourd'hui, et la délivrance du territoire à des conditions inespérées. Toutefois le fait parle assez haut de lui-même ; l'estime générale qui a suivi les ministres dans leur retraite, n'a pas soutenu le ministère à la tête des affaires publiques. En veut-on savoir les causes ? L'énumération en serait longue et hors de propos. Je toucherai légèrement les principales. Le défaut de concert et d'union, le souvenir toujours agissant du régime de 1815, des influences puissantes, soit au dehors, soit au dedans, difficiles à combattre, difficiles à vaincre, même pour qui les combat, une transaction impolitique sur des intérêts déli-

cats, des craintes justes, mais mauvaises con-
seillères, l'opinion publique travaillée sans
relâche par deux factions ennemies, je ne
sais quelle fatalité qui tournait tout en mal,
et faisait chercher le remède d'où il ne pou-
vait venir qu'un mal nouveau ; comment ne
pas s'étourdir au milieu de tant de confusion,
d'embarras et de dangers ? Le ministère ne
put se placer au poste où l'appelait la nation ;
une faction s'en empara et lui en ferma l'entrée ; bientôt il s'aperçut que celui qu'il oc-
cupait n'était plus tenable. La loi des élections l'en avertit d'une manière non équi-
voque. Accusera-t-on la loi des élections ?
Non, ce n'est pas sur cette loi qu'un zèle bien
entendu aurait appelé les regards du Roi,
mais sur la conduite propre à calmer les in-
quiétudes, à guérir le malaise de la nation,
à quelque cause qu'il doive être attribué.

Toutes les fois qu'une nation est mécon-
tente, elle se tourne vers quiconque élève
la voix en sa faveur. Malheur au gouvernement qui souffre alors que des factieux
usurpent sa place en s'en déclarant les protec-
teurs ! Cette vérité ne fut point assez com-
prise par le dernier ministère.

Le nouveau paraît-il en sentir mieux toute
l'importance ? S'est-il engagé assez décidé-

ment dans la voie qui peut nous sauver? A-t-il, enfin, pris cette position unique où la France ne demande qu'à voir son Gouvernement, pour être délivrée de la pénible contrainte de suivre les démagogues qui y fatiguent ses regards? Je ne le pense pas. Le nouveau ministère hésite, il perd du temps, et le mal augmente tous les jours. Pourquoi ne pas le dire? nous en sommes au point de redouter une crise. Chacun explique hautement ses alarmes. Le ministère ne peut plus se taire, ni se dispenser de donner de lui quelque marque éclatante.

Son inaction, sans doute, vient de la nécessité même de sa situation : mais il a du moins la parole, et la nation est dans l'attente. Ministres du Roi, c'est à la tribune publique que vous appelle aujourd'hui l'intérêt de la patrie. Hâtez-vous d'y monter. Si le temps, si les circonstances vous ont manqué pour agir, déclarez à la nation ce que vous méditez pour la satisfaire et la rassurer; prononcez du moins les noms de ces institutions si chères qu'elle vous demande à grands cris, le jugement par jury, la liberté de la presse, l'organisation des administrations départementales; mais ajoutez que, résolus à tout faire pour la justice et la raison, vous ne l'êtes pas moins à ne rien céder aux partis. Ne craignez point de rompre avec les partis, ils ne peuvent que vous perdre, nous perdre et perdre l'État; mais mettez-vous à la tête de la nation, de cette nation sainement libérale et amie de la monarchie; avec elle vous serez bientôt devenus aussi inébranlables que vous seriez faibles et chancelans si vous restiez plus long-temps dans une funeste irrésolution. Il n'y a plus qu'un moyen de sauver la France, c'est de vous montrer la Charte dans une main et le drapeau blanc dans l'autre au poste de la loyauté et de la liberté, non moins intrépides à défendre le pouvoir constitutionnel du Roi et la dynastie légitime, qu'à soutenir nos intérêts et nos franchises nationales.

Sitôt que vous aurez bien frappé tous les esprits de l'idée de votre sincérité et de votre fermeté, sitôt que l'on vous verra décidés à gouverner suivant les vœux de la nation, mais à gouverner en mépris des partis, sitôt enfin qu'on saura que vous voulez agir et ne plus transiger, alors il n'est point à craindre que la force constitutionnelle vous manque; alors l'audace se découragera, alors toutes les bonnes intentions se réuniront autour de vous dans les deux Chambres, alors la faiblesse même et l'irrésolution se fixeront avec joie sous l'ascendant tutélaire d'une volonté forte et déterminée ; alors enfin vous n'aurez plus besoin de tempéramens, de compositions, d'expédiens, vous ne serez plus forcés de jeter des ordonnances royales dans l'urne législative pour remplacer les suffrages qui vous y manqueront (1). Que si cette espérance me trompait, si la passion et l'intérêt privé prévalaient à tel point sur le patriotisme, qu'un ministère entré dans cette voie n'y fût pas suivi par la majorité de la législature, il pourrait du moins compter au besoin sur la majorité de la France. La France, quoi qu'on en dise, sait de quel côté sont ses devoirs et ses vrais avantages ; la France n'est point séditieuse et ennemie de l'autorité légitime.

Et malheur à elle, si elle l'était en effet ! Malheur à elle si, assurée de la sincérité de son gouvernement, elle allait encore demander à une faction turbulente des ga-

---

(1) Je ne considère point ici la nomination des nouveaux pairs en elle-même, je la regarde comme expédient, et j'avoue que je ne puis approuver qu'on applique au mal du moment, quel qu'il soit, un remède tel qu'il ne saurait être réitéré dans l'espace de plusieurs siècles, et peut-être de toute la durée de la monarchie.

ranties dont elle n'aurait pas besoin ! Dans ce
ce cas il serait superflu de disputer sur la
bonté des lois ; il ne resterait plus qu'à se
plaindre au Ciel de vivre dans un temps où
la perte des mœurs n'aurait rien laissé à faire
aux lois. Et comme une pareille nation ne
serait désormais capable d'aucun régime raisonnable, il faudrait renoncer à la gouverner, de peur de se rendre complice de ses
fureurs et de sa ruine prochaine.

Quand un peuple en sera venu à ce point,
il sera temps de dire aux amis de l'ordre et
de la liberté, de s'envelopper la tête pour
attendre en silence l'accomplissement de cette
triste prédiction d'un sage de l'antiquité : « Un
» amour de l'indépendance, indifférent pour
» tout ce qui ne flatte point son délire, bou-
» leverse la cité, et la jette bientôt dans les
» chaînes de la tyrannie. Lorsqu'un État,
» brûlant de cette soif de la liberté, a trouvé
» dans ses magistrats des échansons impru-
» dens qui lui ont versé toute pure la li-
» queur fatale dont il s'est enivré ; alors, s'ils
» ne sont pas toujours faibles, s'ils n'offrent
» pas au peuple la liberté à pleine coupe, le
» peuple les accuse et les châtie, comme
» des traîtres qui aspirent à l'asservir. Ose-
» t-on leur obéir encore, on est méprisé

» comme un ami de l'esclavage, dont le
» sort est de ramper sous un maître ; il faut,
» dans les affaires civiles aussi bien que dans
» la vie privée, s'assimiler à des inférieurs,
» rivaliser avec des supérieurs pour être loué,
» pour être honoré. Est-il possible qu'une
» telle république ne se précipite pas dans
» toutes les folies de l'indépendance ? Je vois
» déjà l'intérieur des familles en proie à cette
» insolente égalité : tout, jusqu'aux animaux,
» semble respirer l'anarchie. Déjà le père
» s'accoutume à regarder son fils comme son
» égal ; le fils à ne plus honorer ni craindre
» son père, sous prétexte qu'il est libre. Mais
» descendons jusqu'aux moindres rapports
» de la société : voilà le précepteur qui craint
» et flatte son disciple, et le disciple qui mé-
» prise son gouverneur et son maître ; voilà
» les jeunes gens qui marchent de pair avec
» les vieillards, et les vieillards redevenus
» jeunes, affectant les grâces et la frivolité,
» toujours en garde contre un air morose et
» despotique. Eh bien ! de ce gouvernement
» si beau, si fier, naîtra la tyrannie ; la li-
» cence lui prépare l'esclavage, car tout ex-
» cès amène volontiers l'excès contraire dans
» les saisons, dans les végétaux, dans le
» corps humain, et surtout dans les Empires.

» Il est donc naturel que pour la société
» comme pour les individus, au trop de li-
» berté succède le trop de contrainte, et qu'a-
» près la démocratie vienne le despotisme,
» après l'abus de l'indépendance l'excès de la
» servitude (*Plat. Rép. liv. VIII.*) (1). »

J'espère n'avoir fait ici que l'histoire du passé. La révolution (dirai-je qui vient de finir ?) nous a donné d'assez fortes leçons pour nous ôter l'envie de recourir à une nouvelle expérience.

---

(1) J'ai emprunté ce passage de l'excellente traduction que vient de nous donner M. Leclerc, professeur de rhétorique au collége royal de Charlemagne.

FIN.